www.ingramcontent.com/pod-product-compliance
Lightning Source LLC
Chambersburg PA
CBHW052326220526
45472CB00001B/298
9781720273004